LA

CAMISADE D'ÉTRÉPAGNY.

*Amicus Plato, sed
magis amica veritas.*

Episode de la Guerre Franco-Alleman de.

Armée de l'Ouest.

SOUVENIR MILITAIRE.

LA
CAMISADE D'ÉTRÉPAGNY,
(29 Novembre 1870).

" Il faut courir à l'improviste sur l'ennemi
qui n'est pas sur ses gardes, le surprendre et lui faire sentir la foudre
avant qu'il ait vu l'éclair."

GÉNÉRAL Cte. de MONTECUCULLI,
Duc de Melfi.

PAR

LE VICOMTE ULRIC-GUELFE DE CIVRY.

Londres.

ALPH. ROQUES,
LIBRAIRIE FRANÇAISE, 51, HIGH HOLBORN.
1879.

LA

CAMISADE D'ÉTRÉPAGNY.

> "Il faut courir à l'improviste sur
> l'ennemi qui n'est pas sur ses gardes,
> le surprendre et lui faire sentir la
> foudre avant qu'il ait vu l'éclair."
>
> LE GÉNÉRAL CTE. DE MONTECUCULLI,
> *Duc de Melfi.*

CETTE petite victoire d'Etrépagny mérite une mention
spéciale dans ces jours où les victoires étaient si rares pour
la France.

Elle rappelle, par son impromptu, par son chamaillis et par
l'heure à laquelle elle fut remportée, les engagements que, après
la révocation de l'Edit de Nantes, livrèrent les Protestants dans
les Cévennes.

Deux événements venaient de rendre difficile la situation du
général Briand, commandant en chef des forces de Rouen :

Le 26 Novembre, la forteresse de la Fère avait capitulé, et le
27, le général de Manteuffel avait battu à Villers-Bretonneux et
dispersé, après un combat assez bien soutenu, les jeunes troupes
du général Faidherbe.

La chute de la Fère et la prise d'Amiens assuraient à l'ennemi
la possession de deux importants points d'appui dans le Nord, et
l'isolement désormais complet de l'armée de Rouen rendait tout
mouvement offensif dangereux.

Néanmoins, le général Briand résolut de tenter, par un hardi
coup de main sur Gisors, de délivrer la Normandie, en rejetant
les Allemands de l'autre côté de l'Epte.

Cette opération fut fixée pour la nuit du 29 au 30 Novembre.
Le corps d'expédition, comprenant les troupes de la vallée de
l'Andelle, commandées par le capitaine de frégate Olry,* était
formé de trois colonnes bien distinctes.

A gauche, partant de Longchamps et passant par St. Denis-le-
Ferment, Eragny, Villers-sur-Trie, etc., le Colonel Mocquart,

---

* Ancien aide de camp de l'Amiral Bouët-Villaumez, et aujourd'hui
Capitaine de Vaisseau, Gouverneur de la Nouvelle-Calédonie.

avec environ 1,500 hommes et 4 pièces de montagne, devait se porter en avant, pour intercepter, à Trie-Château, la route de Beauvais.

A droite, le lieutenant-colonel de Canecaude, des mobiles de l'Oise, suivi de son régiment, des tirailleurs Havrais et de quelques compagnies franches, en tout 3,500 hommes, avait l'ordre de se porter sur les Thilliers-en-Vexin.

Arrivée à cet endroit, la colonne devait détacher ses tirailleurs pour enlever le poste ennemi, établi à St. Clair-sur-Epte, et prévenir ainsi toute diversion par la route de Magny, tandis que le gros de la colonne, continuant sa marche sur Dangu, y aurait franchi l'Epte, puis, finalement, elle devait contourner Gisors et couper la retraite à l'ennemi sur la route de Pontoise.

Au centre, la colonne d'attaque, conduite par le général Briand en personne, marchait directement sur Gisors.*

Son avant-garde était formée d'éclaireurs du 12e Chasseurs et des francs-tireurs des Andelys.

Quant à la colonne elle-même, elle se composait :

1° du 2e bataillon de marche, tiré des 41e et 94e de ligne, et commandé par le chef de bataillon Rousset ;

2° d'un bataillon des mobiles de la Loire-Inférieure ;

3° d'un bataillon des mobiles des Hautes-Pyrénées ;

4° d'un bataillon des mobiles des Landes ;

5° de cinq sections d'artillerie, dont trois de 4 rayées et deux de canons-obusiers de 12, aux ordres du commandant Sauvé ;

6° enfin, de la réserve, comprenant le 2e bataillon des mobiles de la Seine-Inférieure, commandé par le chef de bataillon Rolin, ancien officier de l'armée dans lequel le général Briand avait pleine confiance, et du 12e Chasseurs que, en l'absence du colonel Baron de Reinach, conduisait à ce moment le lieutenant-colonel Laigneau.**

---

* M. Lecouturier, entrepreneur de travaux à Fleury-sur-Andelle, accompagnait l'état-major, comme guide. En cas d'accident, pour n'être pas traité en espion par l'ennemi, il avait contracté un engagement conditionnel au 12e Chasseurs et en portait l'uniforme. Il fut, dans l'action qui suivie, blessé d'un coup de sabre à la main, puis, quelques jours après, décoré de la Légion d'Honneur. Au 12e Chasseurs on se rappelle ce vaillant soldat d'un jour.

** Le lt-colonel Laigneau venait d'arriver au 12e Chasseurs. Il remplaçait le Baron de La Porte qui, blessé, le 27 Août, au combat de Buzancy, était tombé au pouvoir de l'ennemi. Ce vieux soldat d'Afrique ne passa que six mois au 12e Chasseurs, mais son caractère mêlé de bonté et de rudesse, son grand cœur, son austérité antique, sa longue carrière militaire et son courage ont laissé un souvenir qui reste cher a tous. Couvert de blessures, il avait été fait prisonnier sur le champ de bataille de Sedan. Il était tombé au Calvaire d'Illy, où, comme chef d'escadrons au 3e Chasseurs d'Afrique, il avait pris part à ces mémorables charges qui devaient à jamais illustrer la cavalerie légère. Deux jours après la capitulation, il parvint à s'échapper, déguisé en meunier et s'empressa d'offrir au Gouvernement de la Défense Nationale ses 20 années d'expérience et ses états de services, écrits à grands coups de sabre dans tous les coins de l'Algérie.

Telles furent les dispositions que le général Briand arrêta pour son mouvement offensif sur Gisors, mouvement qui devait échouer, grâce à l'émotion de plusieurs bataillons des mobiles de la colonne du centre, lesquels s'enfuirent au premier feu, et à la non-exécution des ordres donnés à la colonne de droite, laquelle, après avoir essuyé une décharge et avoir vu tomber 1 seul des siens, rétrograda précipitamment sur Ecouis.

Cette petite expédition aurait, cependant, dû réussir, car, sans ces coupables défaillances, elle offrait de si grandes·chances de succés que l'ennemi le constate lui-même :

" Dieses Manöver hatte alle Aussicht auf einen ziemlichen Erfolg." *

Effectivement, les forces totales des trois colonnes françaises s'élevaiant à plus de 10,000 hommes et 14 bouches à feu, auxquels le Comte de Lippe, commandant à Gisors les troupes Royales de Saxe, n'avait à opposer qu'un régiment d'infanterie, 16 escadrons et 3 batteries.

Deux heures avant de partir d'Ecouis, le général Briand fit appeler les chefs de corps des colonnes de droite et du centre pour compléter ses instructions.

A l'issue de la réunion, on régla les montres, en vue de l'attaque générale fixée à cinq heures du matin sous les murs de Gisors.

C'est de cette antique Cité, si célèbre dans la lutte de Henri IV et du Duc de Mayenne, que le canon devait donner le signal.

Au moment du départ, le quartier général fut averti qu'Etrépagny venait d'être occupé.

Le général Briand, craignant que le chef de la colonne de gauche ne pût pas être prévenu assez à temps, ne changea rien à ses dispositions et résolût d'enlever les obstacles qui s'opposeraient à sa marche.

Du reste, Etrépagny n'était, en réalité, occupé que par un demibataillon d'infanterie, deux escadrons de cavalerie et une section d'artillerie, le tout placé sous les ordres du colonel de Rex, du régiment des grenadiers de la garde royale de Saxe.**

Cette petite ville, que traverse la route de Rouen à Paris, par Gisors, est située dans la vallée de la Bonde, l'un des affluents de l'Epte.

Les maisons sont bâties sur les deux pentes du coteau qui ser d'assiette à la ville.

La route, venant de Rouen, est pavée, et descend assez rapidement jusqu' au pont, d'où elle remonte aussitôt par une rampe douce.

Sur cette artère principale s'embranchent, à droite et à gauche, divers chemins de communications.

Cet ensemble de voies bordées d'habitations, comprenant des fermes, de grandes cours entourées de murs, des batiments pour

* Die sächsische Armee im deutsch-französichen Feldzuge (Pirna).
** Gefechts Kalender des XII. K. s. Armee-Corps (Dresden.)

l'agriculture, des près clos donnant sur la campagne, quelques maisonnettes de petits rentiers, couvre une vaste étendue de terrain.

Il offre de solides retranchements à des troupes prévenues d'une attaque.

Mais les Saxons, qui étaient dans la ville depuis environ deux heures, ne s'attendaient à rien.

Ils occupaient la grande rue depuis la rivière jusqu'à l'extrémité ouest des maisons.

Ils avaient établi une compagnie d'infanterie à la Mairie, un piquet de cavalerie sous les halles et la section d'artillerie sur la place du marché.

Les officiers ennemis étaient logés dans un hôtel, en face de la Mairie ; le reste de l'infanterie était repartie dans le château ; la cavalerie dans les fermes.

Le général Briand avait décidé de faire traverser vivement Etrépagny au bataillon de marche, pour aller s'établir vers le cimetière et couper ainsi toute ligne de retraite aux troupes ennemies occupant la ville.

Pendant ce temps, les bataillons de mobiles cerneraient et fouilleraient les maisons.

La colonne arriva vers une heure du matin à Etrépagny.

Les vedettes ennemies, postées à 200 mètres environ, tirent quelques coups de feu et se replient précipitamment.

Le général Briand, se souvenant de cet apophthegme d'un des plus grands conquérants Asiatiques:

Un général doit être soldat dans l'occasion,*

se place à la tête du 12e Chasseurs.

Certain de la solidité de ce régiment, il le fait passer en avant, lui donnant ainsi l'honorable fonction d'entraineur à l'ennemi, et s'apprête, lui-même, à payer de sa personne, pour donner l'exemple du devoir à ses jeunes troupes.

Monté sur un cheval blanc qui le distingue de tous, se sentant à l'aise dans ce combat de nuit qui lui rappelle ses embuscades d'Afrique, l'ancien colonel de spahis s'élance, ayant à la suite du 12e Chasseurs le bataillon de ligne et les francs-tireurs des Andelys.

Lorsqu' ils arrivent à la hauteur de la Mairie, le poste ennemi les accueille par une vive fusillade qui met quelques hommes à terre.

Les officiers Saxons sortent à cheval de leur hôtel : le général Briand, l'épée haute et suivi de ses chasseurs, renverse les premiers qui se présentent ; puis, traverse la ville dans toute sa longueur et va s'établir à l'autre extrémité, en ligne bissectrice sur la route.

Dans la grande rue s'était engagé un combat général et un feu de mousqueterie crépitait de toutes parts.

---

* Tamerlan.

Au milieu des ténébres, la lueur des coups de feu éclaire seule cavaliers et fantassins, amis et ennemis confondus dans la mêlée.

Le bataillon de ligne, qui était descendu à son tour dans Etrépagny, s'était trouvé coupé du reste de la colonne par le feu du poste de la Mairie.

Le commandant Rousset n'en continue pas moins sa marche avec deux de ses compagnies.

Il avait déjà franchi le pont et s'apprêtait à rejoindre le général Briand, quand tout à coup il entend derrière lui un galop de cavalerie.

Avec la présence d'esprit qui sied à un chef de troupes, le commandant Rousset* comprend tout de suite que, le 12ᵉ Chasseurs étant en avant et n'ayant pas eu le temps de tourner la ville pour revenir en arrière, ce ne pouvait être que l'ennemi qui, grâce à l'obscurité, tentait de se faire une trouée.

Effectivement, c'étaient les uhlans qui, ralliés par les lieutenants de Posern et de Stratenheim, voulaient bravement s'ouvrir un passage.

Le commandant Rousset ordonne, immédiatement, une volte-face à sa troupe; il porte sa première compagnie à droite, en avant de la seconde; puis, pour dégager la route, il les accule aux murs et aux enclos de chaque côté du chemin.

Ces deux compagnies, ainsi échelonnées en sens inverse, forment, d'abord à droite, puis à gauche, deux haies successives dont l'effet ne pouvait manquer d'être foudroyant.

Les deux escadrons ennemis s'avancent, la lance croisée, et se précipitent sur la route de Gisors.

Mais, lorsqu'ils arrivent à la hauteur de la ligne d'infanterie, ils essuient une décharge bien ajustée et tirée à dix mètres environ, qui couche à terre hommes et chevaux; ceux qu'épargnent les balles vont tomber dans les rangs du 12ᵉ Chasseurs, et bien peu d'entr'eux parviennent à s'échapper.

Le général Briand, à la tête de son escorte, charge à son tour les fuyards, et dans la mêlée il a son cheval tué sous lui.**

Le commandant Rousset revient sur ses pas pour rallier le reste de son bataillon qui, appuyé des mobiles de la Loire-

---

* Officier aussi modeste que distingué, doué d'un sang-froid inaltérable et d'une bravoure entraînante, le commandant Rousset offrait un contraste surprenant avec la majeure partie des officiers de l'armée improvisée de Rouen. Capitaine instructeur à l'école de St. Cyr avant la guerre, il y est rentré comme Lt. colonel; et, aujourd'hui, chargé des exercices d'infanterie, il continue à instruire les futurs officiers. Il est à souhaiter que le maître fasse beaucoup d'élèves qui lui ressemblent et par le cœur et par le savoir!

** Un jeune officier d'état-major, M. de Marsaa, attaché au 12e Chasseurs et placé, ce jour là, à l'escorte du général, fit maint coups d'épée; chaque fois il criait à son adversaire: "*Je te touche, Dieu te guérisse!*"

Reminiscence des paroles de Henri IV, au combat d'Arques, et de celles que prononçaient les Rois Trés-Chrétiens, en touchant les écrouelles.

Inférieure, luttait en arrière du pont contre le reste des troupes Saxonnes retranché dans les maisons.

Dans ce mouvement de recul, il aperçut une sorte de masse noire qui s'ébranlait dans l'obscurité : c'étaient les artilleurs ennemis qui attelaient et s'apprêtaient à fuir.

Déjà l'une des pièces avait pu échapper dans la direction de la gare, mais la seconde reste entre les mains du commandant Rousset, et les conducteurs n'ont que le temps de couper les traits sous une fusillade qui en blesse plusieurs.

Quelques minutes plus tard, le poste de la Mairie était enlevé après une vive resistance.

La ville entière était aux mains des Français, mais le désordre y était à son comble.

Aussi le général Briand, craignant que, dans cette nuit profonde, ses hommes ne tirassent les uns sur les autres, ramasse ceux qu'il avait sous la main et revient à pied, contusionné, par la route de St. Martin, rejoindre le gros de la colonne qui ne l'avait pas suivi.

Il ordonne au lieutenant-colonel Laigneau de lancer ses escadrons de chasseurs sur la route de Gisors, et il fait fouiller Etrépagny par ce qu'il avait de disponible.

Il était alors trois heures du matin et le feu avait cessé de toutes parts.

Si, comme l'avait ordonné le général, la ville eut été, dès le début, cernée par les mobiles, pas un Saxon n'eut échappé.

Mais, après une de ces attitudes de vaillance théoriques et éphémères, que le sage maréchal Bugeaud a bien exactement appelées chez les novices :

"Les ardeurs du départ"

des bataillons entiers s'étaient fondus au premier feu !

Ces troupes impressionnables, qui débutaient par une affaire de nuit, opération toujours hérissée de dangers et féconde en événements inattendus, n'avaient pu résister, là où parfois des troupes aguerries échouent elles-mêmes.

Le succès de la camisade d'Etrépagny était incontestable ; mais il fut stérilisé par les paniques* de la mobile qui empéchèrent la continuation des mouvements combinés sur Gisors.

Le bataillon de ligne, à qui revenait l'honneur de ce coup de main, et le 12ᵉ Chasseurs étaient seuls capables de poursuivre la marche en avant et de faire face à un retour offensif ; le reste des troupes qui, sauf les francs-tireurs des Andelys,** n'avait, réelle-

---

* Les apparitions fabuleuses du dieu Pan, avec ses attributs, c'est-à-dire les cornes, les hautes oreilles, les cuisses velues et les pieds de bouc, sont, d'après la mythologie Grecque, censées l'origine des terreurs paniques, en réalité, aussi vieilles que l'histoire dans les armées de tous les pays.

** Ces francs-tireurs, qui d'abord faisaient partie des troupes envoyées du côté des Thilliers, avaient, ensuite, rejoint la colonne principale. Plusieurs

ment, pas été engagé, n'offrait plus qu'une masse informe hors d'état de manœuvrer.

Vacillante, houleuse, elle allait " de babord à tribord," suivant la remarque imagée du capitaine de frégate Olry.

Démoralisée, désorganisée, elle était perdue avant d'avoir combattue.

Les hommes ahuris, ayant abandonné toute confiance, se pelotonnaient comme des troupeaux de moutons.

Tout ce qui faisait leur force était détruit ; le coude à coude, l'organisation et le commandement avaient disparu avec la fumée du premier coup de fusil.

Navrant spectacle pour l'homme de cœur ! épouvantable situation pour l'homme de guerre !

Son expérience lui fait comprendre, une fois de plus et *de visu*, l'inutilité et le danger de ces engagements partiels, lorsqu'on s'y aventure avec des troupes sur lesquelles on ne peut compter et quand ils ne se rattachent pas à des opérations d'ensemble pouvant donner des résultats sérieux.

A ce moment ces réflexions devaient, certainement, assaillir l'esprit du général Briand.

Et, il ne s'en fallut pas de beaucoup que la victoire ne se changeât en défaite !   .   .   .

Si, à Gisors, l'ennemi, au lieu d'être impressionné par les récits de quelques uns des leurs échappés de la bagarre d'Etrépagny, avait, immédiatement, détaché une colonne de cavalerie, c'en était fait des troupes de Rouen.

Sept ou huit escadrons bien conduits, arrivant, vivement et en masse, à cette heure nocturne, eussent été d'un effet irrésistible. Ils auraient surpris les mobiles dans leur état de confusion, les eussent facilement enveloppés et eussent fait prisonniers en bloc tout ce qu' ils n'auraient pas sabré, piétiné, écrasé.

Ce n'eut pas été seulement une défaite !

Une armée de 10,000 hommes mise en déroute par une poignée de Saxons eut été la risée de l'ennemi qui ne se fut pas inquiété de qui ni de quoi elle se composait ; puis, en France, le général Briand et son état-major eussent été livrés à l'habit fin et au blousier comme des lâches, des traitres, qui s'étaient vendus aux Prussiens.

Heureusement, il n'en fut rien !

L'ennemi resta immobile à Gisors, où, en cas d'éventualités, tout fut préparé à la hâte pour une retraite sur Pontoise.

Malgré les plus grands efforts, le général Briand et ses officiers ne purent réasseoir les troupes.

---

rendirent de bons services, notamment le commandant ; d'autres guerroyèrent, principalement, contre les reliefs du souper de l'ennemi. Un capitaine de la Seine-inférieure, chargé d'explorer une maison située dans une ruelle écartée, y trouva, au lieu de Saxons, des francs-tireurs festoyant déjà, *inter pocula et mulieres*. (Le Baron Ernouf)

La moindre apparition inattendue, le plus petit bruit du côté de l'ennemi, soulevait une inquiétude frémissante.

Quelques chevaux errants, étonnés, privés de la main qui les guidait et cherchant leurs camarades, suffisaient pour briser toute tentative de reformation.

Les groupes confondus se plaçaient même en avant de l'artillerie, au risque d'en paralyser le tir, si on avait dû faire appel à son action.

Ordres et contre-ordres se croisaient dans les ténèbres et formaient le plus déplorable *imbroglio*.

Dans de semblables conditions, le général Briand, n'ayant plus que le bataillon de ligne et le 12e Chasseurs dans la main de ses chefs, résolut de ne pas continuer sa marche sur Gisors.

Cette marche était, d'ailleurs, rendue impossible par les mésaventures qui étaient arrivées à la colonne latérale de droite, et dont on venait de lui apporter des nouvelles.

Le colonel de Canecaude, qui la commandait, était apparu avec ses mobiles, vers deux heures du matin, devant les Thilliers-en-Vexin qu'occupait un poste ennemi, mis en éveil par la fusillade d'Etrépagny.

Il avait suffi d'une seule décharge de ce poste et d'un seul mobile tué par cette décharge pour débander et mettre en retraite précipitée cette colonne, forte de 3,500 hommes !

Cette panique sans excuse avait lieu devant une vingtaine de Saxons qui, de leur côté, s'enfuirent sur la route de Magny, abandonnant le village des Thilliers, qui resta ainsi inoccupé.

Un incident, tristement comique, avait encore augmenté la confusion :

Le général Briand, afin d'exécuter plus sûrement sa surprise sur Gisors, avait recommandé de ne se servir, autant que possible, que de la baïonnette.

Pour se conformer à cette prudente recommandation, les officiers avaient eu l'étrange idée de faire mettre, dès le départ, la baïonnette au fusil.

Il en résulta que, dans la cohue de la retraite, beaucoup de ces fuyards du champ de bataille se blessèrent entre eux, en se bousculant dans la nuit et en tombant les uns sur les autres.

L'auteur ne peut se rappeler sans rire la réponse qui lui fut faite quand, le lendemain aux avant-postes, avec une poignée de ses Chasseurs, il demanda à un capitaine de ces mobiles d'où venaient les blessures, nombreuses mais peu graves, dont plusieurs de ses hommes étaient atteints.

—" Ah !—s'écria-t-il,—on a voulu nous faire tuer.

—Comment cela ?

—Sans nous prévenir, on nous a envoyés sur un poste ennemi qui a tiré sur nous avec des mitrailleuses ! !"—

Les prétendues mitrailleuses de ce brave Capitaine V . . . . . ., des mobiles de l'Oise, c'étaient les baïonnettes de ses propres hommes ! . . .

La colonne de gauche, sous les ordres du colonel Mocquart, n'avait par rencontré de résistance sur sa route ; et elle était arrivée à son poste de combat, malgré un incident qui eut pu compromettre le succès de la surprise, lors même que ce succès n'eut pas été radicalement empeché par les fautes de la colonne de droite.

A St. Denis-le-Ferment, dans la vallée de la Levrière, les francs-tireurs s'étaient arrêtés et s'amusaient à réquisitionner des chevaux pour rapporter,—disaient-ils,—leur butin.

Attirée par le bruit, une patrouille Saxonne s'approcha à la faveur de l'obscurité, fit feu et blessa légèrement au bras un chef des éclaireurs de la Seine : le capitaine Dazier.

Une soudaine panique désagrégea à l'instant la colonne, qui exécuta au hasard et dans les ténèbres un tir précipité, n'ayant d'autre effet que d'indiquer de loin à l'ennemi tous les secrets du mouvement concentrique.

Le colonel Mocquart parvint, cependant, à maintenir ses hommes et, suivi de quelques autres compagnies franches, il continua sa marche sur Gisors.

Vers 4 heures du matin, il franchit l'Epte, au pont du Prince, et arriva à l'heure dite sur les hauteurs de Villers-sur-Trie.

Il attendit, vainement, le signal convenu, et, lorsque l'aurore se leva, ne voyant rien venir, il battit en retraite sans être inquiété

Dans l'affaire d'Étrépagny les pertes des Français étaient insignifiantes :

Neuf tués et une quarantaine de blessés.

La plupart appartenaient au bataillon de ligne.

Il avait autant souffert des mobiles ou francs-tireurs que de l'ennemi.

Dans l'obscurité, ces novices avaient pris les soldats au pantalon rouge pour des Allemands, et ils avaient dirigé sur eux un feu désordonné.

Le Capitaine Chrysostôme, était tombé mortellement frappé par une de leurs balles.

Il expira le lendemain matin dans les plus cruelles souffrances.

C'était un ancien officier qui avait, par patriotisme, repris volontairement du service.

Il méritait, certes, une autre mort !

L'ennemi, lui, avait subi des pertes assez sérieuses ; et, lorsque le ciel eut blanchi, que l'aube eut éteint les étoiles et que le jour parut, il éclaira un triste tableau :

Une soixantaine de chevaux abattus, morts ou mourants, formaient de véritables barricades.

Au milieu des armes, casques, havresacs, matériel de campement, outillage et accessoires de toutes espèces, qui jonchaient la rue, une vingtaine de cadavres, parmi lesquels ceux du Comte d'Einsidiel, capitaine aux grenadiers Saxons, et du Comte d'Eckstaedt, volontaire, gisaient çà et là dans une mare de sang.

Près d'eux étaient étendus une quarantaine de blessés se tordant dans d'intraduisibles convulsions.

Ils furent, immédiatement, portés, avec les plus grands soins, dans les ambulances françaises.

Au nombre des prisonniers se trouvaient, le capitaine de grenadiers Baron de Keller, le lieutenant-adjudant de Loeben, et le lieutenant de dragons Haëbler.

Cette lutte prolongée sur un vaste linceul de neige, au milieu des ténébres d'une nuit glaciale, avait eu quelque chose de lugubre et de grandiose !

Voici en quels termes le général Briand rend compte de cette petite victoire :

GÉNÉBAL COMMANDANT LA 2e DIVISION MILITAIRE AU MINISTRE DE L'INTÉRIEURE.

Le 30 9bre, 11*h*, 20*m. matin.*—La nuit dernière, j'ai voulu tenter une attaque sur Gisors et j'ai trouvé sur ma route l'ennemi occupant Etrépagny. Retranché dans les maisons, il a opposé une vive résistance ; mais, après une lutte acharnée, Etrépagny a été enlevé et l'ennemi contraint à fuir dans toutes les directions. Cette affaire nous a coûté 1 capitaine griévement blessé ; 5 tués et bon nombre de blessés ; l'ennemi a perdu 4 officiers tués, 3 officiers prisonniers. dont un officier supérieur griévement blessé, 60 tués, une centaine de prisonniers, un canon, trois caissons, remplis de munitions et plus de 250 fusils ; nombre de chevaux morts encombraient les rues d'Etrépagny.

Signé : *Briand.*

L'hommage que ce rapport rend à la vaillante résistance des Saxons était justement mérité.

Bien qu'ils se fussent laissé surprendre par l'habile et prompte manœuvre du général français, la bravoure qu'ils deployérent dans cette scène nocturne et la vigoureuse charge qu'ils exécutérent au milieu même de cette surprise, compensent honorablement une faute qui ne leur était pas habituelle.

Quant aux vainqueurs, ils avaient lieu de s'affliger que leur succés fut si pauvre.

La ligne et les chasseurs avaient fait leur devoir, mais n'est-il pas triste pour un général de voir qu'une opération, qui avait tous les éléments pour réussir, avorte ainsi à moitié chemin par la défaillance de presque tout son effectif ?

Quel chef sérieux pourrait encore compter sur le concours sérieux de troupes improvisées, quand on voit que, de dix mille hommes chargés d'opérer un coup de main, mille vrais soldats remportent seuls une petite victoire, tandis que les neuf mille novices en empêchent la continuation et en anéantissent les fruits ? . . .

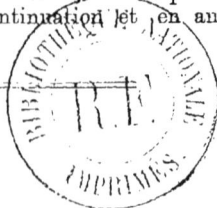